としくらえみ

手しごと
いっぱい!

風濤社

はじめのことば

手しごとの本を手にとっていただけて、とてもうれしいです。

これから紹介する手しごとや絵は「シュタイナー教育」の中で、ずっと長いあいだ味わい楽しまれてきたもの、わたしが出会った子どもたちとともに創り出していったものたちです。

シュタイナー教育と書きましたが、それは今から100年ほど前に、ルドルフ・シュタイナーという人が導いた深い思想の中から生まれた教育方法で、わたしたちが生きてゆくなかに、また子育てにおいて、とても大切なことがたくさん含まれています。

そのシュタイナー教育の重要なもののひとつに「手しごと」がある！　のです。

わたしが30年前に初めてドイツのシュタイナー幼稚園に行った時のこと。「ああ、なんだか昔のお家のようだ……」と感じました。それは子どものまわりにあるものを、大人が作ってみせてあげていたからでした。

お誕生日にあげるお人形を縫っていたり、積み木は森から切ってきた木片を磨いたものだったり、お庭でとれたベリーでコトコトとジャムを煮たり、おやつはお部屋にある台所で子どもたちも切ったりこねたりして作ります。子どもたちに"ものの成り立ち"をたっぷり見せてあげます。そうやって子どもたちは、自分でほしいものを工夫して作り出すことをおぼえ

ていくのです。

最近のわたしたちの生活は、ともすると指先1つで画面が移り変わってしまうような"進んだ"技術をもちました。しかし、それは人間の能力をそぎ落としてしまっているだけなのだと、わたしたちはそろそろ気づかないといけないですね。ものを作るのはときには大変だけれど、ワクワクするほど楽しくて、そしてそれは"生きている"ということ！

手のひらを見てみてください。手のひらの真ん中をなんて呼ぶか知っていますか？

「掌（たなごころ）＝手の心」

手を使いながら、わたしたちは心も育てているのかもしれません。

シュタイナー学校では、1年生で棒編みをしてリコーダー袋を作ったり、もう少し上の学年になるとかぎ針でお帽子を作ったり、刺繍、鍛治仕事、さらには家づくりなどをおこないます。それも、本物の職人さんたちに教えてもらいながら、本物の道具を使って作っていきます。まったく昔からやってきた、そのやり方でです。

そうやって手がしてきたことは、体に深く入りこんで、力強く生きていく大きな力になるでしょうね！

さあ、興味のあるものから、どうぞ遊んでみてくださいね！

お菓子の家　　　　　　　　　　　　　　　ぬらし絵。こんなに個性的です

こびとの庭

糸つむぎ　　　　　　　　　　　　トランスパレント。窓に貼ったらとてもきれい

みつろう粘土（バイオリン）　　カラフルなひも　　　　　　木の実のみつばち

はじめのことば ……………………………………………… 2

自然で遊ぶ

木のこびと ……………………………………… 12
枝の結晶 ………………………………………… 14
こびとの庭 ……………………………………… 16
葉っぱの窓飾り ………………………………… 18
木の実のみつばち ……………………………… 20
リンゴのこびと ………………………………… 22
ちいさな籠 ……………………………………… 24
紙すき …………………………………………… 26
石を彫る ………………………………………… 28

Column シュタイナー教育とわたし ………… 30

羊毛で遊ぶ

〈フェルトのつくりかた〉 ……………………… 34
羊毛画 …………………………………………… 36
クルミの針刺し ………………………………… 38
羊毛ハリネズミ ………………………………… 40
羊毛ちょうちょ ………………………………… 42
花のキャンドル ………………………………… 44

巾着袋 ……… 46
羊毛アクセサリー ……… 48
アドヴェントカレンダー（羊） ……… 50

Column　親子でほっとするアトリエ ……… 52

縫う、織る、ねじる

刺繡 刺し子 ……… 56
マッチ箱のモザイク ……… 58
みの虫ストラップ ……… 60
フェルトこびと ……… 62
ひも 1 ……… 64
ひも 2 ……… 66
ひも 3 ……… 68
織りもの ……… 70

Column　お散歩 ……… 72

トランスパレント

トランスパレントの窓絵 ……… 76
お花のトランスパレント ……… 78
雪のトランスパレント ……… 80
虹色のトランスパレント ……… 82
五角形のキャンドル ……… 84

Column　くりかえすこと ……… 86

みつろう粘土

みつろう粘土のお庭	90
みつろう粘土のステンドグラス	92
みつろう粘土で遊ぼう（パラシュート）	94
粘土の星	96
お菓子の家	98

Column お部屋 …… 100

お絵かき

ぬらし絵	104
クレヨンとぬらし絵1	106
クレヨンとぬらし絵2	108
みつろうクレヨン（色の面）	110
染め紙でコースター	112
ひっかき絵	114
布に描く	116
光のランプ	118

おしまいのことば …… 122

「たのし、うつくし、手しごとの手」 宇佐美陽一 …… 124

◎材料の買えるお店 …… 126

自然で遊ぶ

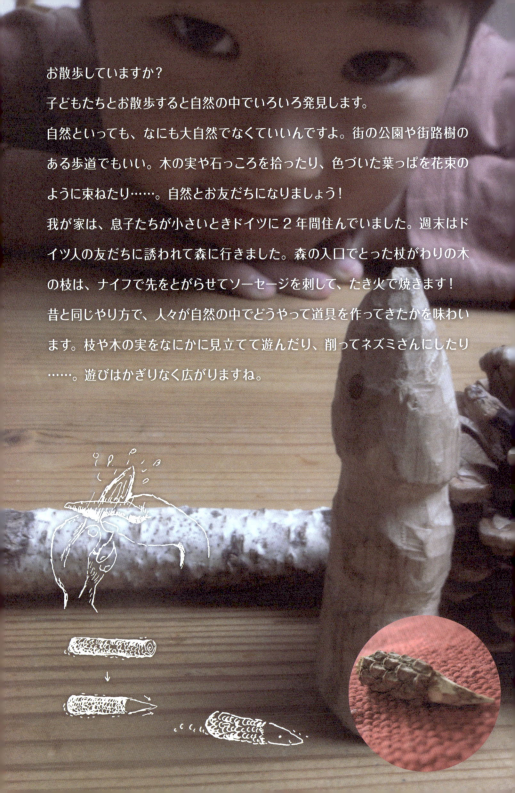

お散歩していますか？
子どもたちとお散歩すると自然の中でいろいろ発見します。
自然といっても、なにも大自然でなくていいんですよ。街の公園や街路樹のある歩道でもいい。木の実や石っころを拾ったり、色づいた葉っぱを花束のように束ねたり……。自然とお友だちになりましょう！
我が家は、息子たちが小さいときドイツに２年間住んでいました。週末はドイツ人の友だちに誘われて森に行きました。森の入口でとった杖がわりの木の枝は、ナイフで先をとがらせてソーセージを刺して、たき火で焼きます！
昔と同じやり方で、人々が自然の中でどうやって道具を作ってきたかを味わいます。枝や木の実をなにかに見立てて遊んだり、削ってネズミさんにしたり……。遊びはかぎりなく広がりますね。

木のこびと

折れた枝、剪定した枝を見つけたら、のこぎりでギコギコ切ってみましょう。
斜めに切った部分がお顔になって、簡単にかわいらしい木のこびとさんができますよ!

〈用意するもの〉
・木の枝(直径2〜3cm)
・赤い木の実やウッドビーズ
・布
・マジック
・接着剤
・のこぎり

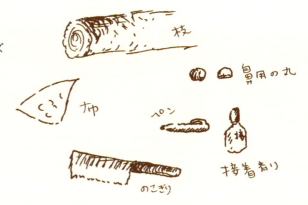

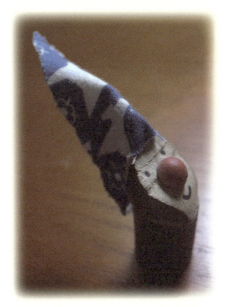

1
のこぎりで切る。

2
木の実やウッドビーズを接着剤でつける。こびとの鼻に。

3
三角形の布の斜線部分に接着剤をつけ頭にかぶせる。

4
色鉛筆やマジックで目や口を描く。

羊毛でヒゲもいいですね。

＊直径2〜3cmの枝をのこぎりで切るのはあっというま。是非やってみましょう！

枝の結晶

細い木の枝をひろってくると、おままごとに、手しごとに、お部屋飾りに、いろいろ使えます！
小枝を十字にして、そのまわりに好きな色の毛糸をクルクルっと巻き付けていけば、素敵なお部屋飾りのできあがり。
白の毛糸で作れば、雪の結晶みたい。
いっぱい作って天井から吊りさげたら、冬のディスプレイに！

〈用意するもの〉
・木の細枝（直径5mmくらい）2本
・毛糸（好きな色を何種類か）
・太めの糸
・接着剤

【準備】
木の枝を十字に接着して1日乾かす。

毛糸を指3本に7周ぶんくらいをいくつか用意しておく。

1 十字の枝の真ん中で毛糸を親指で押さえる。

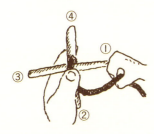

2 毛糸を①の枝の下を通してくるりと一周して②へ。

3 ②→③→④→①……と繰り返す。

違う色の毛糸に変えるときは、そのまま重ねて二重に巻いて次へいく。

4 ひもつけは毛糸の最後の部分を重ねて、太めの糸を2、3回きつく固結びにする。

＊残った毛糸はくるくる巻いて小さなカゴに入れておけば、いつでも使えて便利。

こびとの庭

ひろってきた自然をつかって——
秋になるとドングリ、松ぼっくり、ヒバの枝……。公園に林にいろいろ落ちていて、お部屋に飾ってみたくなりますね。さあ、こびとのお庭を作ってみましょう！
太めの枝の輪切りを庭に見立てて、生け花のように自然の産物を飾ってゆこう。素敵なこびとさんのお庭になりますように。

〈用意するもの〉
・太めの木の枝
・松ぼっくりやドングリ、モミや杉の枝、
　赤い実、水晶などのきれいな石
・粘土
・のこぎり

↖ギコギコ
↘ギコギコ

1 のこぎりで木の枝を幅1.5cmぐらいに輪切りにする。

2 木の輪切りに粘土をのせる。

3 粘土にドングリ、赤い実などを差したり押しつけたりして、こびとのお庭に。森の産物の生け花のように。

＊木の輪切りのかわりに平べったい石も使えそうですね。

葉っぱの窓飾り

トレーシングペーパーに落ち葉を貼って、枠をつけて窓に飾ったら、葉っぱのシルエットが浮かび上がって素敵ですよ〜

〈 用意するもの 〉
・トレーシングペーパー
・画用紙
・落ち葉（押し葉にしたもの）
・接着剤
・コンパス
・はさみ

1 トレーシングペーパーを直径20cmの円形に、画用紙を直径20cm幅2cmのドーナツ型にはさみで切る。これを2枚ずつ作る。

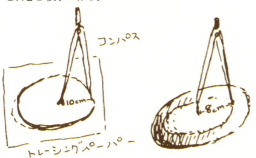

2 トレーシングペーパーの上に葉っぱを好きなようにデザインして接着剤で貼る。

3 2の上にもう1枚のトレーシングペーパーをかぶせて接着剤で貼る。

4 ドーナツ型の枠を上下に挟み接着剤で貼る。

5 ひもをつけて窓辺に吊しましょう。

＊お散歩の時にきれいな葉っぱを見つけたら、厚い本に挟んで押し葉にしておきましょう！

木の実のみつばち

みつばちを、メタセコイヤやヤシャブシの実で作ってみましょう。
細い軸がお尻の針みたいで、ちいさな子どもならきっと、みつばちに刺されないよう、そおっと持って作ることでしょう！
本当に生きてるみつばちのように感じて。

〈用意するもの〉
・ヤシャブシ、またはメタセコイアの実
・黄色の羊毛
・トレーシングペーパー（2×1cm）
・細い針金（造花用の細いもの）
・はさみ

＊羊毛は手芸店や通信販売で手に入ります。

1 トレーシングペーパー
を切る。

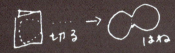

2 ヤシャブシまたはメタセコイアの実に
黄色い羊毛を細く3周ほど巻く。
こんな感じに、みつばちの胴体に。

3 接着剤をつけ、みつ
ばちの背中に貼る。

4 細い針金を二つ折りにし、
みつばちの胴体にくるりと
巻き付ける。

リンゴのこびと

ドイツのニュルンベルクという街のクリスマス市には、クルミのお顔の人形がたくさん並びます。
リンゴをからだにしてクルミのお顔をつけたら、クリスマスにぴったりの飾りもののできあがり！

〈 用意するもの 〉
・リンゴ（赤い小型のもの）
・クルミ
・赤いフェルト（9×9×10cm）
・羊毛
・モミなどの枝（6cmくらい）
・サインペン
・接着剤
・針と糸

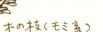

1 フェルトを二つ折りにして縫って表にひっくり返す。帽子になります。

2 クルミにサインペンで顔を描いて、羊毛のヒゲをつけ、帽子をかぶせる。

3 リンゴに接着剤をつけ、クルミの頭をのせましょう。

＊クルミが手に入らなければワインのコルクや大きめのドングリでもよいですよ。

ちいさな籠

家や公園のフェンスにつる草が絡みついているのを見たことがありませんか？
秋になると葉っぱが落ち、つるも枯れてきます。
さあ、そのつるを採ってきましょう！
小さな籠は、枝を放射状にして縦芯を作ります。
織物のように中心から「上・下・上・下……」に。
拾った木の実を入れたり、お花を入れてプレゼントにしたり。
籠が置いてあるところはナチュラルなやさしさが生まれますね。

〈 用意するもの 〉
・縦芯（20cmの木のつる）5本
・巻芯（80cmの木のつる）2本

木のつる

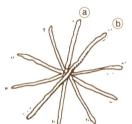

1
20cmくらいのつる5本を放射状に置いて縦芯にする。

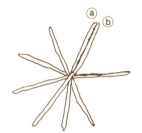

2
籠を編むのに縦芯を奇数にしたいので、ⓐとⓑをくっつけて1本にする。

3
縦芯の真ん中に、巻芯のつるの端をあわせて人差し指と親指で挟む。巻芯を縦芯にたがいちがいにくぐらせて編んでいく。

4
こんなふうに。きっちりとくっつけて編みます。

5
直径3cmくらいになったら籠の底にして、縦芯を折り曲げて立ち上がらせる。同じように側面を編んでいく。

6
好きな高さになったら縦芯をくるりと内側に曲げて、編み目のなかに差し込みましょう。

＊ちょっとむずかしいかもしれませんが、自然のものを使うとつたなくても素敵なものになりますよ。

紙すき

紙ってこんなふうに作っていたんですよね。
野の花や草をすきこんだら、手作りの素敵なカードのできあがり！

〈用意するもの〉
・和紙（書道用の半紙など）
・紙すき用の枠
・すだれ
・押し花、押し葉

【準備】
和紙を細かくちぎり水に浸す。
フードプロセッサーなどで
とろとろの生地にする。

＊乾くまで丸一日かかりますが、急ぐ場合は軽く水を
切って手拭いに挟んでアイロンがけに。

1 紙すき用の枠のアミの
　上に生地を薄く広げる。

2 押し花（葉）をのせ、
　その上から生地を薄く
　かぶせる。

花や葉が透けるくらい薄く

3 すだれにのせて乾かす。

石を彫る

石が好きな人いますか？
拾うのも楽しくて、いつもポケットの中に石を入れている子もいるでしょう。
ここで使う石はヤスリで削れるやわらかいもの。
ただただ無心に削る時間は心地よいひとときです。
なんのかたちに見えてくるかな？

〈用意するもの〉
・石（蠟石やソープストーンなどの柔らかめのもの）
・鉄ヤスリ
・紙ヤスリ（中目、細目）

1
石の角ばったところをヤスリで削っていく。なるべく自然の形を生かして。まずは鉄ヤスリか中目の紙ヤスリで。

2
そのうちに「鳥みたい」「ハートみたい」と形がみえてきたら、そのイメージに向けて削っていく。

具体的な形でなくてもいいです。石が自然とそうなったように、気持ちに素直にゴシゴシゴシゴシ……リズムにのって。

3
仕上げは細目の紙やすりで全体を磨く。できあがったら水で洗う。とても美しいなめらかな形になります。

＊石をただ削るだけですが、無心になり心が落ち着きますよ。

シュタイナー教育とわたし

わたしの最初の仕事は幼稚園の先生でした。東京の幼稚園にいたときに立ち寄った本屋さんでシュタイナー教育の本に出会い、どうしても現地で学びたくて３月で退職し、ドイツのシュタイナー幼稚園で１年間実習させてもらったのが始まりでした。

シュタイナー幼稚園で感じたことは、まるで昔のお家のようだな、ということ。子どもたちは、家事をするおかあさんやおとうさんに見守られながら、安心して遊んでいる雰囲気。おもちゃは拾ってきた木切れや木の実。年齢にあわせて、織物など手仕事をおしえてもらったり、昔話を語り聞かせてもらったりする。おやつや使うものは工夫して作ったりして、子どもたちは使っているものの成り立ちに触れていく。そういう体験は、本当の意味で生きる力になるなあ、と心底思ったものでした。

絵も教えられて技術を学ぶのではなく、色と形を自分で創りだしながら、独自のものを生み出していく。そのバランスは美しくて、そのまま心のバランスにつながってゆきます。

帰国して、その体験を一冊の本にまとめました（『魂の幼児教育〜私の体験したシュタイナー幼稚園』イザラ書房）。すると今度は色の秘密を知りたくなって、スイスのドルナッハに絵を学びにゆきました。そして再び日本に帰って来て子どもたちのための絵と手仕事のクラスをはじめ、さらに幼い息子２人を連れて、ドイツへ芸術療法を学びにゆきました。

そのときは息子たちはそれぞれ現地のシュタイナー幼稚園とシュタイナー学校に通い、その体験もまるごとすばらしく、ああ、もっとこの豊かな子どもの遊びの世界を、日本のみなさんにお伝えしたいです！

羊毛で遊ぶ

海外のわりと寒い国では、羊毛を刈って、紡いだりフェルトにしたりして身のまわりの衣類やマットなどにしてきました。
羊毛というふわふわとした素材に手をかけて、わたしたちの生活でさまざまに使えるものを自分でもつくってみるのは、とってもすてきな体験ですね。
羊毛はふわふわしていて触っていると気持ちがいいです。心までふんわりホカホカしてきます。色とりどりに染めたものもあって、色を選んで組み合わせるのも楽しいです。
フェルトにするのには、フェルトニードルというかわった形の針で刺す方法と、石鹸水でこする方法がありますが、かんたんに次のページで説明しますね。
いろいろなやり方を味わううちに、じゃあ、こんどはこんなものを作ってみようって、アイデアがわいて新しい作品ができるかもしれませんね！
そうやって作ったものを使う生活は、お部屋もあたたかな空間になります。
あ、でも、日本の真夏にはちょっと暑いかな。どうぞ秋冬に楽しんでくださいね！

フェルトのつくりかた

羊毛をフェルトにするふたつのやりかたを、最初に簡単にお伝えしますね。

フェルトニードルを使って
(どちらかというと立体的なものに向いています)

フェルトニードル

フェルトニードルをよく見ると先っぽに細かい突起があり、それが羊毛の繊維をからませていってフェルト化していきます。あまり深くまで刺さなくていいですよ。針の先の方でリズミカルにつんつんと刺してみましょう。

1 羊毛を手に取り、作りたい形にまるめる。

2 くっつけたいところをニードルで刺し、全体に刺してまとめる。

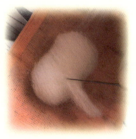

3 耳などをニードルで刺してくっつけていく。

4 目はほんの米粒ほどの羊毛を薄くとって、つんつんと刺していきましょう。

5 完成です。

石鹸水を使って
（どちらかというと平面的なものに向いています）

自然素材の石鹸とプチプチ

羊毛は石鹸水をつけてこするとフェルト化します。梱包用緩衝材（プチプチ）は大きさの目安になり、でこぼこが摩擦になってフェルト化しやすくなりますので、底に敷いて作業しましょう。オリーブ石鹸などの自然素材のものが手に優しくておすすめです。

1 梱包用緩衝材（プチプチ）の上に羊毛をふんわり薄く、たてよこに数段重ねる。

2 手を洗うように濡らしてから石鹸を泡だて、泡を羊毛にのせる。全体に泡がのるくらいたっぷりと。

3 ラップをかぶせて、石鹸のついたままの手でよくこする。裏側も同様に。

4 指でつまんではがれてこなければタオルにのせて石鹸水を拭きとり完成です。

羊毛画

羊毛はふんわりちぎると、そのふわふわしたところがくっつき合う特性があります。

粗めのガサガサした麻や、フェルトのけばだったところにのせると、くっつきますよ。

壁に貼った布の家に、色とりどりの羊毛をふんわりのせていくと、羊毛のお絵描きのできあがり。

ドイツの幼稚園では、秋や冬の寒い時期には、お部屋に羊毛でお絵描きをする一角がありました。

〈 用意するもの 〉
・粗い麻布（5×10cm）
・羊毛（さまざまな色をふんわりほぐしたもの）
・フェルトニードル
・スポンジ（平らなもの。ビスコーズなど）

1 スポンジの上に麻布を置く。

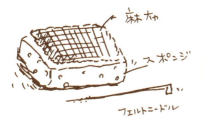

麻布
スポンジ
フェルトニードル

2
麻布の上に羊毛をふんわりとのせ、フェルトニードルでつんつんと繊維を絡ませるように刺してくっつけていく。刺す深さは1cmくらいで小刻みに浅く。

どんな絵ができるかな？

＊できあがったものを白木のフレームに入れて飾ると、あたたかな雰囲気の額絵に。

クルミの針刺し

クルミはこびとのお茶碗や小物入れのよう。
羊毛をつめて、それに色とりどりの模様をほどこしたら、
素敵な針刺しになりました。

〈 用意するもの 〉
・クルミ（半分に割ったもの）
・羊毛（好きな色を何種類か）
・フェルトニードル
・接着剤

1
クルミの中に接着剤を塗り、
丸めた白い羊毛をつめる。

2
色の着いた羊毛を少しずつ
置いて、フェルトニードルで
軽く刺して繊維を絡ませ模
様をつけていきます。
いろいろな模様の針刺しが
できますネ。

ひもを通して
ネックレスに

＊息子たちのバザーにたくさん作った思い出がなつかしいです。

羊毛ハリネズミ

どんなものも基本は一緒。

作りたいものを、心の中によ〜くイメージして、こんなふうになぁれ！と思いながら、フェルトニードルで刺して形を作ってみましょう。チクチク刺すと、くっついたり、へこんだり、形も思いのままです。

かわいいハリネズミさん、できるかな！

〈 用意するもの 〉
・羊毛（ベージュ）
・羊毛（濃いめの茶かグレー。ベージュの1/4くらいの量）
・羊毛（黒かコゲ茶。あずき粒ぐらい）
・フェルトニードル

1 ベージュの羊毛を手のひらでふわりとまとめて玉子型に。ハリネズミの体になります。

2 ハリネズミの形をイメージしてフェルトニードルでつんつん刺して繊維を絡ませる。表面が引っぱっても崩れないくらい、10分くらいが目安。

＊刺し方のコツ＊
斜め45°ぐらいで浅く（1cm）、小刻みに。

3 鼻先を尖らせる。お腹は座りがいいように平らに。

4 濃い色の羊毛をかぶせフェルトニードルでつついて軽くくっつける。顔の部分にはかぶせない。

5 黒い羊毛をひとすじとって目の位置に置きフェルトニードルでくっつける。鼻も同様に。

＊秋の頃、落ち葉や松ぼっくりと一緒にディスプレイしてみましょう。

羊毛ちょうちょ

ある春の日。息子の通うドイツの幼稚園でプレイデーがありました。園庭にいくつもの遊びのコーナーがあり、大きな木の下に羊毛でちょうちょを作るコーナーが。
できあがったちょうちょは、みんなが遊んでいるあいだ、木の枝につりさがって舞っていましたよ。
フェルトニードルではなくて、石鹸水でフェルトにします。
羊毛は、お水と石鹸をつけて泡立てながら摩擦をあたえると、どんどん硬くなりフェルト化します。

〈 用意するもの 〉
・羊毛
・モール 1本
・ひも
・水
・石鹸（オリーブ石鹸など自然のもの）

1 ちょうちょの羽をイメージして羊毛を薄く広げる。

2 モールを二つ折りにする。

3 モールの間にちょうちょの羽を挟み、モールをねじる。

4 ちょうちょに水を含ませる。

5 手にたっぷりと石鹸を泡立てちょうちょにペタペタおしつける。羊毛がフェルト化して、ちょうちょの羽のようにぺったんこに。

6 モールにひもを結びつけ、天井につるしてあげましょう。

風が吹くとふわふわ……

＊石鹸水でぴちゃぴちゃするのは手の感覚がとっても気持ちいいですよ。

花のキャンドル

お花のようなキャンドルホルダーを作りましょう。
羊毛を薄くちぎって重ねていくと、わたし色のお花になるでしょう。
キャンドルを灯したら、テーブルが光のお花畑に。

〈 用意するもの 〉

・羊毛（好みの色を2、3種類）
・羊毛（緑色）
・梱包用緩衝材（プチプチ。直径10cmぐらいの円形）
・ティーキャンドル
・ぬるま湯
・石鹸（オリーブ石鹸など自然のもの）
・タオル
・ラップ
・直径4cmぐらいの棒

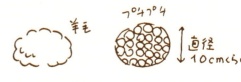

1 プチプチの上に緑の羊毛を十字に置く。花のがくになります。

2 ふんわりと羊毛を丸くのせる。(色を混ぜてもいい)

3 手にぬるま湯をつけ石鹸を泡立て羊毛の上にたっぷりと泡を落とす。羊毛はすぐにくっついてしまうので直接手で触らない。

4 羊毛の上からラップをかけ石鹸のついたままの手でごしごし、くるくる10分間こする。フェルト化します。

5 ラップとプチプチをはずしてタオルにのせ、挟み込んでかるく泡をとる。

6 棒にがくの方を上にしてかぶせる。

7 指を輪っかにして強くしごいて丸い型をつける。

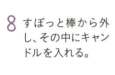

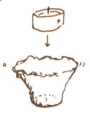

8 すぽっと棒から外し、その中にキャンドルを入れる。

9 花びらを広げてお花のように。乾くまで輪ゴムでとめておきましょう。

輪ゴム

＊ロウソクの火がつかないように花びらはしっかり広げてくださいね。

巾着袋

布のまわりをグシグシ縫って、きゅっとしぼってあげるだけで、素朴で愛らしい容れものになる巾着。
布を丸く切って作るのもいいし、自分色にしたフェルトで作れば、ひときわあたたかいですね。

〈用意するもの〉
・羊毛
・梱包用緩衝材（プチプチ）
・ぬるま湯
・石鹸（オリーブ石鹸など自然のもの）
・毛糸か綿糸
・毛糸針
・タオル
・ラップ

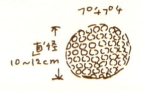

1 プチプチの上に、薄く広げた羊毛を横に置く。

2 その上に縦に羊毛を置く。

3 互い違いに方向を変えながら羊毛が絡みやすいように5層ぐらい重ねる。

4 手にぬるま湯をつけ石鹸を泡立て羊毛の上に泡をたっぷりと落とす。

直接手で触らないで。羊毛がくっついてしまいます。

5 ラップをかけ石鹸のついたままの手でこする。(10分間くらいしっかりフェルト化するまで)ときどき表裏をひっくり返します。

【目安】つまんでみて

まだです！

OK！

6 ラップとプチプチをはずしタオルにのせぐるぐる巻きにしてよくしごいて広げる。

7 針でくるりとひとまわり、ぐしぐしと縫う。きゅっと糸を絞って巾着袋に。

宝石？ 抜けた歯？ アメ玉？ 中には何を入れようかな？

＊こんなシンプルな仕組みを体験することが、とても大切なんだな！

羊毛アクセサリー

羊毛は、お水と石鹸をつけて泡立てながら摩擦をあたえると、どんどん硬くなりフェルト化します。
ヘビのように長くしてしっかりフェルト化させ、乾いたらはさみでちょきちょき。フェルトビーズのできあがり！
糸やゴムを通して素敵な首飾り？ ブレスレット？ ヘアゴム？

〈用意するもの〉
・スライバー状（長い束状）の羊毛 (30cm)
・水
・石鹸（オリーブ石鹸など自然のもの）
・しっかりした糸
・毛糸針
・よく切れるはさみ

スライバー状羊毛

ぬるま湯

せっけん

毛糸針
しっかりした糸 またはゴム糸

1 スライバー状の羊毛を水に浸しとり出す。

2 手に水をつけ石鹸を泡立て、羊毛をひも状になるようにこする。

> 指を輪っかにして右左、右左……と、ヘビを作るように。

3 10〜15分して羊毛がしっかりとフェルト化してきたら、タオルの上に置いてぐるぐる巻きにして水分をとる。

4 1cmぐらいに切ってフェルトビーズのできあがり。

5 毛糸針で糸を通して、好きなアクセサリーを作りましょう！

＊はさみで切ったビーズは角ばっています。もう一度石鹸水で手でころころ転がすと丸みのあるフェルトビーズに。

アドヴェントカレンダー（羊）

アドヴェントカレンダーはクリスマス前の子どもたちのちいさな楽しみ。

12月になると毎日ひとつずつ扉を開いて、24日のクリスマスイヴを待ち望みます。

これはマッチ箱を羊さんに見立てたもの。

マッチ箱の中から毎日、ちいさなプレゼントが出てきますよ！

〈用意するもの〉
- 画用紙　A3
- マッチ箱　24個
- 小さな宝物　24個
  （きれいな小石、木の実、チョコレート、アメ玉、お手紙など）
- 羊毛（白・茶・黒など）
- フェルト
- 紙
- マジック
- 接着剤

マッチ箱

宝物

羊毛

フェルト
（羊の頭・耳・手足）

1
フェルトを羊の顔、耳、足の形に切り接着剤で貼って頭を作る。

2
マジックで顔を描く。マッチ箱に接着剤で貼りつける。

3
羊毛をマッチ箱に接着剤で貼る。これを24個作る。日にちのシールを貼る。

4
マッチ箱の中に小さな宝物を入れましょう。

水晶、きれいな小石、アメ玉、お手紙……

5
色画用紙に羊を24個貼りつけて完成です。

＊マッチを使わない家庭もあるかもしれませんが、この機会にシュッと擦ると火がつくマッチの不思議を体験してみてくださいね。

親子でほっとするアトリエ

わたしが自宅で教える手しごとのクラス「キンダーライム」では、子どもたちがクラスに行っている間は、おかあさんやおとうさん、下のお子さんたちはリビングで待っています。

お部屋には、木のおもちゃが少し置いてあって、親同士ゆったりとおしゃべりしながら子どもたちがアトリエから戻ってくるのを待っています。そしてお絵描きが終わった子どもたちも、またここでひとしきり遊んでから帰っていきます。

わたしはそんなゆったりとした温かな時間をとても大切にしたいと思っています。子どもは社会で育てるものだから。わたしの小さい頃はそうでした。近所のおばさんが「お母さんが帰ってくるまでうちにあがってなさい」と家族のように可愛がってくれたりする。電車で赤ちゃんが泣くと、隣りの乗客があやしてくれる。当たり前のようだけど最近はむずかしいようで、「あら、あのおかあさん、躾ができていないわね」と冷たい目で見られてしまうことなどを聞くと、今はママたちにとってきびしい時代ですね。

ですから、出会ったおかあさん、おとうさんの1人でも2人でも、そんなほっとする場所、ほっとする関係が家の他にもあったなら、子どもたちは安心して大きくなれるのではないかと思っています。

わたしは息子たちの子育て中に近所に「いつでもおいで」と言ってくれるお友達がいたし、家族ぐるみで付き合える知人がたくさんいました。そのおかげでわたしは安心して子育てができたと思っています。助けてくださった方にたくさんお礼もしたいけれど、その気持ちを、今子育てしている方たちや出会った子どもたちに繋げていけたらと思っています。

そんなこんなで我が家のアトリエは、ぬらし絵のクラスでも書道のクラスでも、終わってからゆったりお話しできる空間を大切にしています。

縫う、織る、ねじる

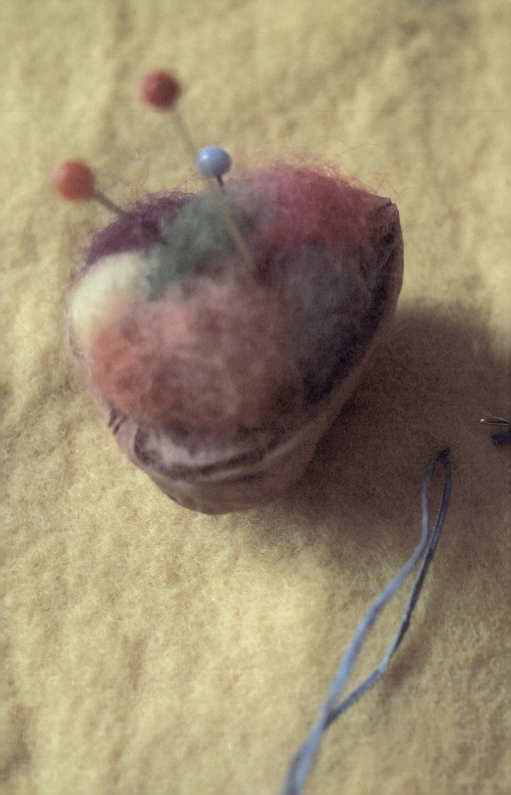

針は刺さると痛いし、落としてしまうと危ないからと、おうちではなかなか子どもたちに使わせるのに躊躇しますね。

でも、使うことをきちんと教えてあげたら、とても素晴らしい道具になります。チクチク縫うと楽しいし、生活で使えるものができあがる。

織物は縦糸の間を上下、上下と交互にくぐらせていきます。それを繰り返していくと織物ができてくる。

はじめは一生懸命。でも、そのうち手が慣れてきます。そして、「ああ、こういう仕組みだったんだ!」とわかる。

小さな頃の手しごとは、手を動かしたことが、のちの考える力になります。

刺繍 刺し子

四角い布のぐるりを、ただひたすらステッチを入れていくだけで刺し子ができます。なるべく等間隔に、まっすぐに。
でもはじめてのときは、曲がっちゃってもいいよ。
紺の和布に赤い糸で刺すと、昔ながらの素朴で美しい形がうまれます。
2周しても3周してもOK。
ランチョンマットやコースターにしましょうか。

〈 用意するもの 〉
・厚手の木綿や麻
・刺繍糸、もしくは刺し子糸
・刺繍針

針
糸
麻布
まわりを 2～3段
糸を 抜いてあげると
縫わなくて手軽です。

1 針に糸を通し玉結びに。小さな子どもの針仕事はひっぱった時に抜けないように、2本をひとつに玉結びするとよいですよ。

2 ひと目ひと目縫っていく。はじめは目が多少バラバラになっても気にせずに。だんだんと間隔を揃えて美しくできるようになります。

＊布はそのままより刺し子をすると丈夫になります。

マッチ箱のモザイク

フェルトをマッチ箱に貼っていくだけで……素敵な玉手箱！
マッチを使うのもうれしくなりそうです。
もちろん子どもたちにとっては、宝物入れになりますね。

〈用意するもの〉
・マッチ箱
・フェルト（7〜8mm角くらいにカットしたもの）
・接着剤

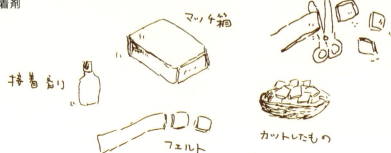

1 マッチ箱にフェルトをモザイクのように接着剤で貼る。マッチ箱として使いたいときは擦る部分は残して。小箱として使うときは全体に貼ってしまいましょう。

2 マッチ箱の端からていねいに。好きな色を選び自分色の小箱にしましょう。

マッチ箱がとても大切な箱になりますね。

＊マッチ箱でなくても小さな紙の箱でもよいです。

みの虫ストラップ

ちいさな子どもたちにとって、針は憧れだったり、むずかしそうだったり。
親にとってはあぶなくって、気軽にわたせなかったりしますね。子どもたちが針に出会う一番最初は、ただ刺すだけでとっても楽しく、簡単に素敵なストラップになる、みの虫さんを作ってみましょう！

〈 用意するもの 〉
・フェルト
・ウッドビーズ（直径1cmの白木）
・レース糸（30cmくらい）
・針
・マジック

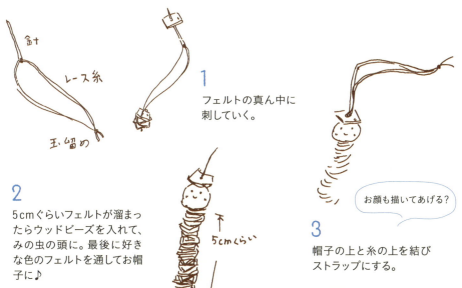

1 フェルトの真ん中に刺していく。

2 5cmぐらいフェルトが溜まったらウッドビーズを入れて、みの虫の頭に。最後に好きな色のフェルトを通してお帽子に♪

3 帽子の上と糸の上を結びストラップにする。

お顔も描いてあげる?

＊フェルトがわりに、48頁で作ったフェルトビーズを使ってもいいですよ。

フェルトこびと

フェルトを簡単な形に切って、ただかがって縫う。そこにふわふわの羊毛を入れるだけで生まれてくるこびとさん。
素朴だからこそ、いろいろに飾ったり、人形ごっこも楽しいですね。

〈 用意するもの 〉
・フェルト（型の二倍の大きさ）
・羊毛（白）
・刺繍針
・刺繍糸（2本どり）
・はさみ

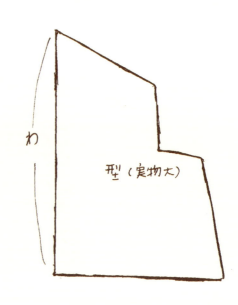

わ

型（実物大）

1 フェルトを半分に折り、型をのせてはさみでフェルトを切る。

2 糸を玉留めして、ⓐの部分をかがっていく。

3 ⓑの部分も同じようにかがる。

4 表面を丸くきれいにまるめた羊毛を下から入れる。

少しふくらむように。

5 首のまわりをぐしぐし縫ってあげると、かわいらしいですね。

＊ちいさな子どもが縫うときは首まわりのぐし縫いを省いてもOK。

ひも 1

ふたりで持って、クルクルクルクル……ひものできあがり！
ポシェットのひも？ お人形のおんぶひも？ 縄跳びのひも？
好みの色の毛糸を使って、好きな太さや丈夫さにできる。
いろいろな色で作りたくなっちゃうな！

〈 用意するもの 〉
・毛糸（ほしい長さの2倍くらい）3本

毛糸

＊ひとりの時は片方を引き出しに挟んで固定するとよいですよ。

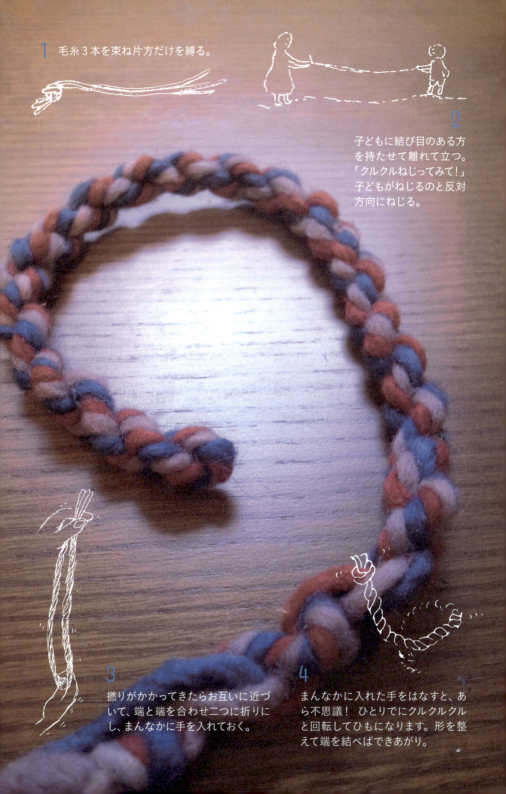

1 毛糸3本を束ね片方だけを縛る。

2 子どもに結び目のある方を持たせて離れて立つ。「クルクルねじってみて！」子どもがねじるのと反対方向にねじる。

3 撚りがかかってきたらお互いに近づいて、端と端を合わせ二つに折りにし、まんなかに手を入れておく。

4 まんなかに入れた手をはなすと、あら不思議！ ひとりでにクルクルクルと回転してひもになります。形を整えて端を結べばできあがり。

ひも 2

指をピースにしたような形の編み機、Y字フォーク。
8の字に糸をかけること、下の糸を上にかけること。
その繰り返しで編みあがってゆく驚き。
そういう体験をぜひ味わってほしいです！

〈 用意するもの 〉
・毛糸
・Y字フォーク

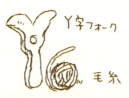

1 向こう側から穴に毛糸を入れ、持つ手の親指で押さえる。

2 向こう側の毛糸を持ち上げ、角に8の字にかける。

3 もう一度8の字にかける。かけた毛糸を親指で押さえてから、下にある@と©の毛糸を⑥と④の上にかけて

下にある@の毛糸を⑥の上からかけてはずす。同様に©の毛糸を④の毛糸にかけてはずす。

4 最後に穴の毛糸をひっぱる。すると鎖状のひもが編める。

5 この繰り返し。ひもが好みの長さになったら角からはずし、最後の毛糸を二つの輪にくぐらせればできあがり。

＊この方法ではゆるいひもができます。何本か束ねてマフラーにしてもよいですね。

ひも 3

細いひもを編む方法はたくさんあります。
はじめの２つよりは少しむずかしいかもしれませんが、きっちりとした美しいひもができますよ。
糸をかけていく厚紙には８ヶ所切れ込みが入っています。
切れ込みは８つですが、用意する糸は７本。
あいている切れ込みに３つ先の糸をとっては入れてゆくやり方です。７色で虹のようなひももできますね！

〈用意するもの〉
・厚紙
・毛糸や綿の糸（7色）
・はさみ

＊コルクのコースターに切れ込みを入れて型を作ってもいいですね。

1 厚紙に半径4.5cmの円を描く。8等分にして八角形を作る。頂点に切れ込みを入れ、中心に直径1cmの穴をあける。

2 7本の糸を束ね片方の端を結び、八角形の厚紙の穴に差し込む。

3 厚紙をひっくり返して、糸を1本ずつ切れ込みに挟む。1ヶ所かけない。

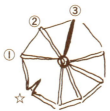

4 ③の糸をはずして☆に挟む。そして穴の下の糸の束を引っぱる。

5 同じように3番目の糸をはずし空いているところに挟む。そして穴の下の糸の束を引っぱる。

6 ひもが長くなってきたら型からはずし、7本の糸を束ねてひとつに結びましょう。

織りもの

張った縦糸にジグザグジグザグと横糸をくぐらせていくと、素敵な布が織りあがるのは、本当にふしぎです。
このような、もののなりたちがわかる遊びは、ぜひ子どもたちに体験してほしいものです。
織りあがったものはお人形のお布団になったり、脇をかがってひもをつけてポシェットにと、生活にも役立ちます。

〈 用意するもの 〉
・織り機
・毛糸

織り機、紙箱に切れ目を入れて使ってもいいですね。

様々な色の毛糸

1 毛糸を切れ込みにひっかけて渡して、縦糸にする。

2 横糸を縦糸の間を上・下・上・下とくぐらせていく。

色を変えるときは毛糸を結ばなくても、前の糸に少し重ねていくと自然とできる。

3 しっかり詰めて織り上がったら、縦糸を枠からはずしてできあがり。

できあがったら？

＊わたしはこの織り機を板に釘を打ってのこぎりで切れ目を入れて作りました。織り機は販売もしていますが紙箱でも利用できます。

お散歩

お散歩をしよう。

どんぐり、松ぼっくり、紅葉した落ち葉、枝……。よく見れば、歩く道には手しごとの素材がどっさり！

そんなふうに拾った季節の産物を、お部屋にコーナーを作って飾ってみましょう。

「ああ、秋が来たんだなあ」「あら、春一番のお花が咲いたね」

巡りくる自然の営みが身近に感じられて、自然のリズムとともに生きるようになります。春・夏・秋・冬……そのリズムはわたしたちの体のリズムを整えてくれるでしょう。

それにね、そんなただしゃがんで木の実を拾うという時間が、実はわたしたちにとって、とっても大事な時間なんですよ。嫌なことも忘れて無心になって拾う。そうするとつらかった思いが軽減されてしまうような──。自然がきっと助けてくれているのでしょうね。

海辺では貝殻、海綿、小石、流木……

季節ごとに変わる景色、花々、草木……

空海（弘法大師）は海岸に生えている草を引っこ抜いて、それを筆がわりにして字を書いたそうです。「筆草」といって今でも海岸に昔と同じ様子で生えていますよ。

蔓を摘んで籠を作ったり、木を削って遊び道具を作ったり……。

手しごとの楽しみは昔から連綿とつながっていて、生きる力と知恵をもらえそうですね。

トランスパレント

トランスパレントはドイツ語で「透明感がある」という意味。
半透明のトレーシングペーパーに、光に透ける色のトランスパレント紙をのせていくと、色の重なりでちがった新たな色が生まれる！
できあがった作品を窓に貼るとステンドグラスみたい。ただ紙を貼っていくだけだから、ちいさな子でも簡単に素敵な窓絵ができますよ。
外の光が色を通して家の中に入ってくると、とってもうれしくなります。
夜は反対に、家の明かりがトランスパレントを通して、道行く人に明るい色を見せてくれます。
今、わたしたちの明かりといえば電気ですね。
だけれども、うす暗い部屋にロウソクの灯りをともしたときや、トランスパレント紙で作ったキャンドルに灯りをつけたとき……。それは、いつまでもぼうっと眺めていたくなります。
でもそういう光って、明るいところではちっとも目立たない。明るいところにロウソクを灯しても心にはしみないのです。カーテンを引いて暗くすると、ほら、小さな灯火が本当に美しく輝きます。そして、心がほっとすることでしょう。人にはそういう時間が大切なのかもしれませんね。
暗いことは悪いことではない。暗いところがあって、はじめて光が美しく輝きます。
ときどき、そんな時間を味わってみてくださいね。

トランスパレントの窓絵

トランスパレント紙をピリピリとちぎって、トレーシングペーパーにペタペタ貼るだけ。
3歳くらいのお子さんから大人まで楽しめますよ。

〈 用意するもの 〉
・トレーシングペーパー（10×10cm）
・トランスパレント紙
・画用紙（枠用 10×2cm）4枚
・のり

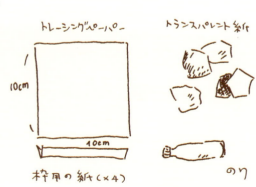

1

トレーシングペーパーのまわりを枠用の画用紙を挟みこみ、のりで貼りつける。

2

ちぎったトランスパレント紙にのりを薄く塗って、トレーシングペーパーに貼っていく。

重なったところに新しい色が生まれて、窓に貼ると美しいステンドグラスになりますよ。

＊大人数でして、作品をみんな窓に貼ったら、まるで教会のステンドグラスみたいですよ！

お花の
トランスパレント

黒い紙で切り絵をしました。
穴のあいているところにトランスパレント紙を貼ったら、宝石みたいになりました。
色を重ねてみたら、この世のものとは思えないほどの不思議で美しいことを発見！

〈用意するもの〉
・黒画用紙（12×12cm）
・トランスパレント紙
・のり
・はさみ

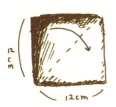

1 黒画用紙を対角線に折り三角形に。　　その半分に　　もう一度半分に　　2 このように鉛筆で印をつけてはさみで切る。

3 開くとこんなお花。

4 裏返して穴の空いた部分にトランスパレント紙を貼っていく。ひとつの穴に1枚でもきれいですが、重ねて貼ると本当に神秘的。黒いふちがあればこその美しさですね。

うらがえして窓に貼ります。

＊黒い枠が美しさを引き立てます。影があるから光が映えるのですね！

雪のトランスパレント

ヨーロッパの国ではクリスマス前になると、トランスパレント紙をおりがみにして同じ形の 8 枚を少しずつ重ねて、お星さまにして窓に貼ります。
重なったところの色が深まってとてもきれい！
星も素敵ですが同じ形を白い紙で作ったら、あれ？
雪の結晶になりました。

〈 用意するもの 〉
・白いトランスパレント紙　8 枚
・のり

1
縦、横に折って筋をつけます。

2
4つの角を中心に合わせて折ります。

このようになります。

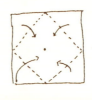

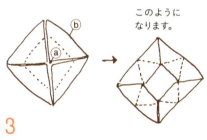

3 ⓐがⓑにつくように内側に折る。(4つとも)

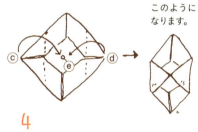

4 ⓒⓓをⓔに折る。　これを8枚作る。

5 斜線部にうすくのりをつける。

6 図のように重ねる。また斜線部にのりをつけ同様に8枚をずらして重ねてゆく。

7 できあがり図

雪の結晶になりました！

＊小さいサイズのおりがみでたくさん作って窓に貼ると、雪ふる景色になるでしょう！

虹色の
トランスパレント

この虹色のトランスパレントはとても幻想的です。
台紙に虹色のグラデーションのあるトランスパレス紙を使い、
さまざまなトランスパレントを重ねてゆくと、幻想的な風景
がうまれてくるでしょう！

〈用意するもの〉
・トレーシングペーパー（10×10cm）
・虹色のトランスパレント紙
・トランスパレント紙（好きな色のもの）
・画用紙
・のり
・はさみ
・穴空けパンチやカッター

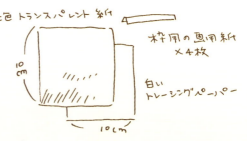

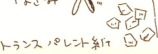

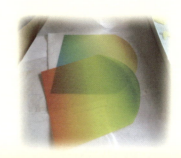

1. 虹色のトランスパレント紙の上に、色のトランスパレント紙で切り絵する。木々などはずらして重ねて様々な色合いを作り、雪や星などの白く抜きたいところはパンチで穴をあけたり、カッターで穴をあけたりする。

2. 切り絵の上に白のトレーシングペーパーをのせる。

3. 枠用の画用紙を四方に挟みのりでとめましょう。窓に貼ると幻想的で奥行きのあるステンドグラスのようになります。

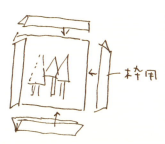

＊最後に重ねる白いトレーシングペーパーが幻想的な雰囲気をかもしだす秘密です。

五角形のキャンドル

ドイツで絵を勉強していたときに先生のお家の玄関に並んでいたのが、この5角形のキャンドルでした。
優しく来客者を歓迎してくれるような光。
厚手のトランスパレントは虹色のグラデーション。
ロウソクの光で、さらに幻想的になります。

原寸大型紙

〈用意するもの〉
・トレーシングペーパー（厚手）
　またはトランスパレント紙
・キャンドル
・はさみ
・のり

1 トレーシングペーパーまたはトランスパレント紙を型紙通りに五角形にはさみで切る。点線部分に折り目をつける、折ったら開く。5つの頂点を同様に。

2 星の形になる。

3 辺から折り目まではさみで切る。

ここにのりを塗る

4 ☆と重ねて貼り合わせる。ⓐの線とⓑの線が重なるように。すべての隣りあわせを同様に。

5 すると星型のできあがり！なかにキャンドルを入れましょう。

＊遊びのなかで図形が美しい形に変わる秘密に触れるのは素敵ですね。

くりかえすこと

子どもたちって、好きなことはなんどもなんども繰り返しますね。
お絵描き、砂遊び、積み木、おままごと……。そんなシンプルな遊びほど、繰り返しながらその子らしさや、その子独自のものが創りだされていきます。そうして生みだされてゆくものは、作品のように目に見えるものだけじゃなくて、からだの内側にあふれる生命力にも変わっていくと思うんです。
SNSなどが流行っているこの頃は、「こんなことしました」「つぎはこんなことも！」と、新しいものを体験させるのに躍起になっているようにみえます。次から次へと新しいことをしていくのもいいけれど、わたしは好きなことをとことんしている子どもの姿にとても魅力を感じます。
たとえば公園での泥団子作りもそう。はじめは上手にまとまらなかったのに、やりながら失敗しながらつかんでゆく。水分はどれくらい？ とか、表面をなでていくとツヤツヤして、落としても割れないくらい硬くなっているぞ！ とか。そうした繰り返しの体験は、素材のことやからだの使い方がすっかり自分の内に入っていくばかりでなく、ひとつのことにのめり込む集中力も育ってゆきますね。なにより、なにかに夢中になる、無心になる充実感や作りだすよろこびを知っていることは宝物です！
この本のなかで紹介した遊びも1回だけじゃなく、好きなものは何回でも繰り返してみてくださいね。はじめは教えてもらっていたものが、そのうちに本なんて見なくてもできるようになりますよ。からだが自然とおぼえてしまいます。羊毛はこうしたらうまくフェルト化するとか、ふんわりやわらかくできるぞ！ などと感覚が育ってゆきますね。いい仕事をする職人さんみたいに。
ここに書いてあるやり方をみんなが発展させて、自由にどんどん創りだしていってくれたらうれしいな！

みつろう粘土

みつろうは、みつばちの巣の蠟のこと。だからほんのり甘い香りがします。それに色がとってもきれい。手でこねて、イメージしながら形を作っていきましょう。ただ、わりと固くて細かい作業になるので5〜6歳以上になってからがいいように思います。春から秋の初め頃までの季節が、自然とみつろう粘土がやわらかくなって扱いやすいですよ。

粘土は手でこねながらイメージしたものを形に表していってくれます。子供たちのイメージの力を育ててくれますね。

春のちょうちょ、夏の魚たち、お月見のお団子、クリスマスの飾り……。
季節を感じるミニチュアの飾りはいかがですか？

みつろう粘土のお庭

なにかを作りたいのだけれど、なかなかうまくイメージが持てない人も、小さな石をお庭に見たててみれば、その人ならではの風景が心に浮かんでくるでしょう。
小さな小さなお庭。どんなお庭ができるかな？

〈 用意するもの 〉
・小石
・みつろう粘土
・ヤシャブシの実

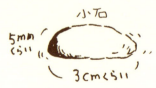

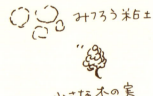

小さな石を小さなお庭にしてみましょう。
緑のみつろう粘土を薄く広げて原っぱにして、お花をくっつけたり。
かならずひとり（1匹）生きものを作って、住まわせてくださいね。そう想像したら一気にイメージが広がって、思いおもいのお庭が生まれることでしょう。
1個のヤシャブシ（なければスギの実などでも）が加わるだけで、木のある風景に。小さな木の実をつけてあげてもかわいいですね。

＊イメージしたことを形にする力は、なにかを新しく創りだす力になりますね！

みつろう粘土の
ステンドグラス

みつろう粘土は、紙のように薄くのばすのも得意です。
ちがう色と重ねたり、ガラスやアクリルの板に絵を描きましょう。

〈 用意するもの 〉

・みつろう粘土（小さいかけらにちぎっておく）
・透明なアクリル板
　または小さなガラスビン

みつろう粘土を指で薄くのばしていきます。

アクリル板やジャムの空ビンに貼っていきます。みつろう粘土をよくねってやわらかくするとしっかりくっつきますから、模様や絵を貼っていきましょう。

ビンで作ればペン立て、アクリル板で作れば小物入れ、キャンドルホルダーにもなりますね。

窓辺に立てかけるとステンドグラスのよう。きれいですよ。

＊夏の直射日光だとみつろうが溶けるので、涼しい窓辺に飾りましょう。

みつろう粘土で遊ぼう
(パラシュート)

パラシュートに誰を乗せよう？
パイロット、クマさん、わたし、ぼく……
公園のジャングルジムの上から、滑り台の上から、ふんわりと落としてみよう！

〈用意するもの〉
・みつろう粘土
・薄手のビニール袋
・たこ糸（35cmくらい）4本

1 薄手のビニール袋を35cm角の正方形に切り、四隅をたこ糸で結ぶ。

2 みつろう粘土でパラシュートに付ける人（動物でも）を作る。

3 4本のたこ糸を束ね、みつろう粘土の人形の裏側にとめます。

木の上から、ジャングルジムの上から、すべり台の上から、ふわりと落としてみましょう。あまり大きすぎると重すぎてストンと落ちてしまうし、小さすぎると重りの役割にならないです。いろいろ実験してみましょう。

＊家の中でパラシュート遊びをするときは、椅子の上に立って落としたり投げたり。楽しいですよ。

粘土の星

この粘土の星は、ドイツの絵の先生のおつれあいに教えてもらったものです。
セラミック粘土を薄く伸ばして、クッキーの型で星の形に抜きました。
そのままでもかわいいけれど、子どもたちにつまようじをわたすと、素敵な幾何学模様がついて、もっと素敵になりますよ!

〈用意するもの〉
・セラミック粘土
・クッキーの型(星)
・つまようじ、またはペンのキャップ
・ひも
・ウッドビーズ

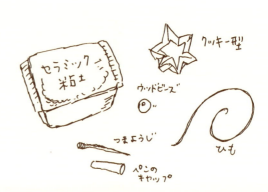

1
セラミック粘土をペタペタと厚さ3〜5mmに、なるべく均一にのばす。

2
星型のクッキー型でセラミック粘土を抜く。

3
1ヶ所、ひもを通す穴をあける。

4
粘土の表面につまようじやペンのキャップなどで模様をつける。

5
一日乾かしたら、ひもをつけて壁やクリスマスツリーに飾ろう。

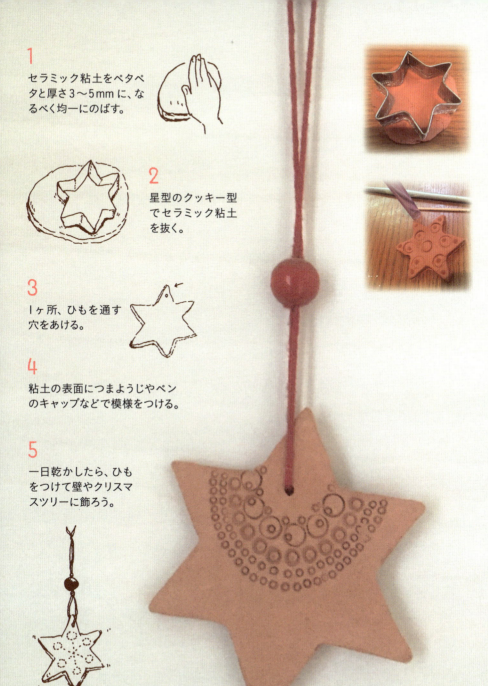

＊わが家では部屋のドア飾りにしています。たくさん作ってクリスマスツリーに飾るのも good！

お菓子の家

ヘンゼルとグレーテルのお話を聞いてどんなに憧れたでしょうか、お菓子の家！
大きなものは作れないけれど、ひとりずつデザインしながらアイシングで作っていくのはとってもうれしいですね。
飾っておいても、食べちゃってもOK！

〈 用意するもの 〉
・長方形のビスケット 3枚
・粉砂糖
・アイシング
 （玉子の白身を小さじ1と粉砂糖大さじ1を混ぜて、
 とろとろののり状にする）
・茶こし
・ドライフルーツ、グミベアー、棒状のお菓子

グミベアー　乾そうブルーベリー

棒状のお菓子 など

＊小麦などのアレルギーのある方は
　飾り用にしてくださいね。

1

ビスケットの真ん中にアイシングをちょんとのせ、グミベアーを座らせる。

2

ビスケットの両端にアイシングを線状に塗り

アイシング

両手にビスケットを1枚ずつ持って三角屋根のようにする。てっぺんの重なった部分にのりがわりにアイシングを塗る。

3

ドライフルーツや棒状のお菓子をアイシングをつけて好きなように飾ろう。30分くらいそっとしておくと乾きますよ。

4

最後に茶こしに入れた粉砂糖をふりかけて雪のように。

お部屋

わたしはこれまでに何回か引越しをしましたが、大変だけれど、そのあとの空間を創ることやカーテンをつけたり、ここにはどの飾りを置こうかな、と考えるのは楽しくてしかたがありません。みんなが集まる部屋は、明るいカーテンと楽しげな飾り物に。絵を描くアトリエは材料をわかりやすくしまって、でもぜんたいにシンプルにして、アトリエに来た人たちがたっぷりと創造の世界に入れるようにと思いながら！

さて、アトリエには小さな棚があって、ひとつには羊毛が、もうひとつには毛糸が色分けして置いてあります。手しごとのときにみんなが自由に選べるようにしてあります。「巾着袋作るけど、どの色がいいかな？」と言うと、子どもたちは嬉しそうに色を選んでいきます。すると、個性あふれる作品が生まれます。写真の指人形は、実は中にボンドが入っています。お部屋にただぽんと容器が置かれているよりも、ちょっとした工夫で創作意欲をかきたてる、気分のいい、夢のある雰囲気になりますよ！

お絵かき

お絵かきは小さな子どもにとって、楽しい遊び。それは言葉の代わりのようなもの。言葉ではうまく言いあらわせないけれど、クレヨンでクルクルって描いてみたくなることもあります。

だから、子どもたちが描いた絵を直してしまったりしないでくださいね。褒めたりしなくてもいい。ああ、こんなの描いたんだねって、そのまま受け入れてあげてくださいね。

そうしたら子どもは「ああ、ママはぼくのことをわかってくれる」って、安心して自分の表現ができるようになります。

お絵かきが子どもたちの、自由で幸せな場所になりますように。

ぬらし絵

赤、青、黄色……。たった3つの色なのに、ぬらした紙の上に絵具をのせるとふわーっと広がり、ちがう色と響きあって、新しい色と形が生まれます。
こんなになったゾ。じゃあ、こうしてみよう！
そんなふうに心のおもむくまま筆を走らせれば、その人ならではの景色が生まれてきますよ。

〈用意するもの〉
・水彩画用紙
・透明水彩絵具
　（赤・青・黄色。目安は100ccの水に
　小さじ一杯の絵具を入れてよく溶かします）
・平筆（16〜20号）
・筆洗用のコップ
・海綿またはスポンジ
　（ビスコースというスポンジが使いやすいです）
・バット
・筆を拭くタオル

紙の上で色と形がいきいき出会いますように！

1 バットの水に画用紙を5分以上浸けて水を含ませておく。画用紙に水がよく沁みていると板に置いたときに波うたずにとても描きやすいです。

2 水から取り出して机に広げます（画板があると便利）。スポンジでそっと余分な水分をとる。

3 用意ができたら心のおもむくままに色を選んで紙にのせていってみてくださいね。違う色を使う時はビンのお水で筆を洗いタオルでよく拭いてから。

＊多めに溶いて残ったビンの絵具はフタをして冷蔵庫に入れておきましょう。いつでも好きなときに使え、長持ちもします。

クレヨンとぬらし絵 1

クレヨンで描いたあとに絵具をのせると、どうなるでしょう？
そう、クレヨンの油分で絵具の水分をはじいて、クレヨンの色面が浮かび上がってきますね。
雪の白を残したりもできます。

〈 用意するもの 〉
・水彩画用紙
・白いクレヨン（みつろうクレヨン）
・平筆（16〜20号）
・透明水彩絵具（赤・青・黄色。濃さは前頁と同様）
・バットまたはプラスティックのケース
・筆洗用のコップ
・スポンジ（ビスコースというスポンジが使いやすいです）

1. 画用紙に白いクレヨンで雪や雪だるまを描く。（見えないですけど！）

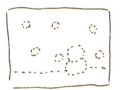

2. バットに水を入れ、画用紙を浸けて水を含ませる。

3. 画用紙を水から出して余分な水分をスポンジで拭き、絵具で色をつけていくと……。白いクレヨンがはじいて雪景色ができました！

＊雪だるまさんが浮き上がってきたらかわいいバケツの帽子や冬の木々など楽しい冬のお庭にしてね。

クレヨンとぬらし絵 2

画用紙の下に葉っぱを挟んで、その上からみつろうクレヨンでクルクル色を広げてみましょう。
あらあら！ 葉っぱの形や葉脈が色の中に浮かんできました。そうしたら、お水の中に入れて、ぬらし絵をしてみましょう！
さまざまな色が広がり、深まり、秋色が広がっていきます。
絵具で描くだけでは出なかった色合いが、クレヨンと葉っぱの力を受けて生まれてくるのでしょうね。

〈 用意するもの 〉
・水彩画用紙
・平筆（16〜20号）
・ブロッククレヨン
　（普通のクレヨンでもOK）
・透明水彩絵具
　（赤・青・黄色。ちょうどいい濃さに溶く）
・バット
・水
・落ち葉
・スポンジ
　（ビスコースというスポンジが使いやすいです）

1 画用紙の下に落ち葉を置く。ブロッククレヨンを寝かせて軽くくるくる塗っていくと、葉っぱの形が浮き上がってきます。

2 バットに水を入れ、画用紙を浸けて水を含ませる。

3 画用紙を水から出して余分な水分をスポンジで拭き、赤・青・黄の三原色の絵具で色を着けましょう。

葉っぱの部分がはじいて、秋色に染まるかな？

＊できあがった絵は秋色のランチョンマットやメッセージカードに。

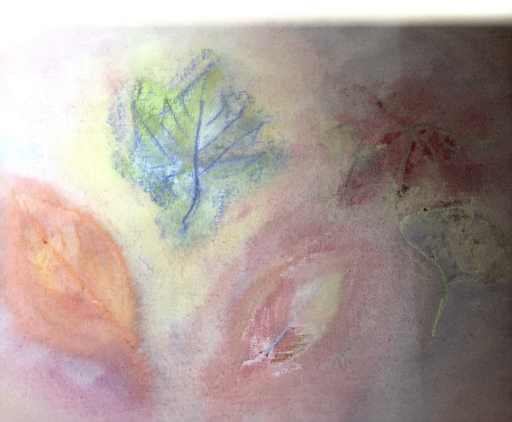

みつろうクレヨン
（色の面）

ぬらし絵の絵具みたいに、色が形になってひろがり、ちがう色と混ざりあう色遊びができるブロックのクレヨン。
記号的な線描を教えてしまったりしないで、まずは子どもたちが楽しんで色を楽しめたらいいですね。

〈用意するもの〉
・画用紙
・ブロッククレヨン

【色の面　色の形】

色を重ねて
新しい色を作る。

できてきた形で
想像力も広がる。

色で
バランスをとる。

記号的な形を教えてしまわないで、色から形を作りだしてゆくことを自分でしていく。

たとえば
おひさまも

ではなく、

そのとき見たおひさまの様子を表現する。

たとえば
葉っぱは

ではなくて、

小さい子どもの場合、まずはグルグル色をのせて色遊びから。そのうちに、なにかの形に見えてくるかな。

自分の表現で色を
重ねたりして。

＊クレヨンをカゴに入れて紙とセットで置いておく。いつでも描きたいときに手を伸ばせるように。

染め紙でコースター

いつもは筆で描く絵具。
その絵具にぬらした和紙を浸してみれば、角はしっかり染まってゆき、混ざったところに新しい色。
開いてみたら美しい手作りコースターです。

〈 用意するもの 〉
・厚手の和紙（10×10cm）
・絵具（赤・青・黄色）
・水

1　和紙を対角線に沿って三角形に3回折る。

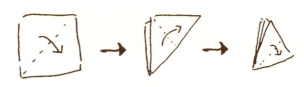

2 お水によく浸し

手でおさえて余分な水分をとる。

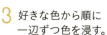
3 好きな色から順に一辺ずつ色を浸す。

4 破れないように注意して広げる。
和紙のコースターのできあがり。

どんな模様になったかな？

＊大きい和紙に染め紙して運動会の万国旗がわりに。鯉のぼりにもあいそうです♪

113

ひっかき絵

紙の上に光の色を色分けしてしっかり塗ります。
せっかく素敵な模様になったのに、そこを真っ暗にしてしまおうって？　黒いクレヨンでしっかり濃く塗ってくださいね。
塗り終わったらつまようじでひっかいて絵を描きましょう。
真っ暗な空に星たち？　花火？　海の魚たち？
できあがったものは額に入れたくなるくらい芸術的です！

〈 用意するもの 〉
・画用紙またはコピー用紙
・ブロッククレヨン
・つまようじ

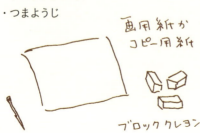

1 ハガキ大ぐらいからB5くらいの画用紙にクレヨンで円か四角を描く。

2 それをいくつかに区切る。

3 好きな色のブロッククレヨンでしっかりとしたタッチで塗る。色わけします。

ここの角を使うとよいです。

4 せっかくきれいに塗ったけれど、夜のように真っ暗にしてしまおう！黒または紫、茶色など濃い色で全部塗りつぶします。

5 つまようじでひっかいたり、こそげ落としたりします。

ほらほら何色がでてきたかな？ うまれてくるのは夜の星空？ 花火？ 海の中のお魚かな？

＊力と根気がいるので6歳以上がおすすめです。闇の力の美しさに出会えます。

布に描く

みつろうクレヨンは布にも綺麗に描けます!
色を重ねて、広げて、ランチョンマットにしましょうか。
エコバッグもいいですね!

〈 用意するもの 〉
・目の粗くない布(綿ブロードなど)
・みつろうクレヨン
・アイロン

2 好きな絵を描く。

エコバッグやランチョンマット、Tシャツなどに。自分だけの模様に！

1 小さな子が描くときはマスキングテープなどでテーブルに固定すると描きやすいですよ。

3 描きおわったらあて布をしてアイロン（中〜高温）をかけると、絵具が布に定着して洗濯をしても色落ちがしづらいですよ。

＊普通のクレヨンはベタベタしてだまになりやすいので、描きやすく重ね塗りができるみつろうクレヨンがおすすめです。

光のランプ

暗い森を歩いていたら、向こうからぼんやりと光がやってきました。
それはこびとさんが持っていたランプの灯りでした……
ねえ、そのランプってどんな色だろうね。
そんなイメージをしながら、ぬらし絵を使って作ってみましょう!

〈用意するもの〉
・水彩画用紙(30cm角ぐらい)
・絵具(赤・青・黄)
・油(オリーブオイルやグレープシードなど)
・新聞紙
・はさみ
・ティーキャンドル
・アイロン

1 あたたかなランプをイメージして、ぬらし絵で画用紙に絵を描く。

2 乾いたら油を塗る。（画用紙に透明感が出ます）

3 新聞紙に挟んでアイロンをかける。（余分な油分がとれてパリッとする）

4 画用紙をしっかりと折り目をつけて折る。ひらいてつぶします。反対側もひらいてつぶす。

5 ☆をひらいて中心線に合わせてつぶして折る。4ヶ所全部同じように折ります。コーンつきのアイスクリームのよう。

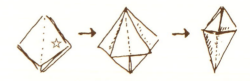

6 はさみで切る。

7 中心線に合わせて折る。反対側にも折る。

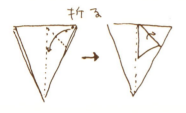

8 折り目がついたところを内側に入れこむように折る。8ヶ所全部同じように折る。

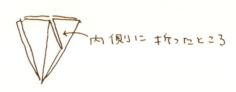

9 このようになったら、点線部分を一枚ずつ外側に折る。全部同じように。

このようになります。

10 上の穴から手を入れて内側をしっかり広げて、底をつぶして中にキャンドルを入れたらできあがり。

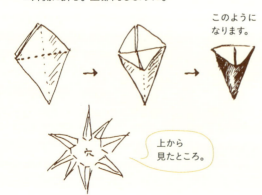

上から見たところ。

＊お誕生日やクリスマスなど特別な時だけでなく、おやつや、お休み前の読書にロウソクの光は素敵です！

つぎは なにを
作ろうかな？

おしまいのことば

24歳の頃にシュタイナーの思想に出会ってから、深く広く味わいながら歩いてきました。あれからちょうど30年経ったのだなと、今ふうっと深呼吸をひとつしてしまいました。

とても魅力あふれるシュタイナー教育の物作りを、日本の今ここに出会った人たちとどんなものができるかな？ と、日頃教えながら創ってきたものを、ようやっとみなさんにご紹介できることになりました。

収録したそれぞれの作品に、それほどむずかしいものはありません。素朴なものだからこそ生まれてくるものは、一人ひとりの表現や思いをのせて色とりどりに広がりはじめます。そうやって子どもたちと楽しむ時間はほんとうに宝物のようなひとときです。ただ無心になる時間……。

3.11の東日本大震災のあと、とくにそのような時間が必要とされてきているように感じる人は多いと思います。けれども世の中の苦しさをそのままにしてしまわないで、芸術というものが美しいものに変えてくれる、そうわたしは思います。手を動かし、心を動かし、思考を働かせていく手しごとの行為は、これからわたしたちが力強く生きてゆくための大きな力になるでしょう。

この本を書こうと思ったころ、わたしは京都に大震災以降5年間住んでいました。古く深い歴史と文化の流れる土地で心を静かにしていると、これからやりたいことが再びあふれてきました。

そのひとつめとなるこの本を、みなさまにお届けします。どうぞ楽しんでください！

最後になりましたが、芸術について、とくに今と未来の芸術を創ることに夫であり作曲家・オイリュトミストの宇佐美陽一さんがいつもいっしょに歩いてくれています。本の各章の冒頭にのせた手しごとのうたの作曲もありがとう。

　　　2018年　天のしずくの美しい頃に
　　　　　　　としくらえみ

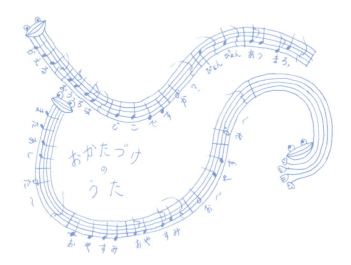

「たのし、うつくし、手しごとの手」

宇佐美陽一

あれは、えみさんと南ドイツのヴァルドルフ・シューレ(シュタイナー学校)を訪れた時のこと。息子たちも2年間通った学校は、生徒たちの素敵な絵や彫刻、工芸作品に満ちていて、とても和やかな空間です。各学年の授業を特別に見せていただくと、まさに「目から鱗！」でした。

ルドルフ・シュタイナーが提唱した教育方法が、子どもたちを深い知恵で包み込み、すこやかな成長を促してくれることは知っていたのですが、それを支えているのが、「手しごと」だったとは！ しかも手しごとの先生たちはその道のマイスターたちです。11年生(日本の高校2年生)の木工の先生などは革ジャンを羽織った強面ですが、理路整然と生徒との議論を進めて、ひとりひとりの自由な意志を引き出していました。

このことは、日常で使うものは美しいものとし、技術と芸術の融合を目指した日本の民芸運動(大正時代・柳宗悦)の「用の美」にも繋がります。また、古代ギリシャ語には、技術と芸術の両方を意味する「テクネー」があったことからもわかるように、大昔から、技術は「美しい」ことだったのです。湯のみやお茶碗、お箸などが持ちやすさや使いやすさに加えて美しい色や形をしていること、これは子どもたちが育っていく文化環境にも欠かせ

ドイツのシュタイナー学校の授業風景

ないことだと思います。同じ食べ物も気に入った色のお皿に盛ると、「ああ、美味しそう……」と食欲も増して、たのしい朝ごはんになるでしょう。そして、「行ってきます！」という元気な子どもの声が聴こえてきます。最初は受験や就職のための記憶学習に終始して、「美しい技芸」を子どもたちは身につけられないままです。ですので、家の中に手しごとがあり、子どもたちが調和あるリズムによって、健全なこころとからだを育んでいくことは、これからますます大切になっていきます。単なる趣味に過ぎないと思われがちな手しごとですが、「身体を使って学ぶ美しい技芸」というとても大切で未来的な秘密が隠れていることがおわかりでしょう。「身に付く」技術、「美しい」芸術で文化を創っていくことが必要なのです。

「ただいまぁ！」と学校帰りの子どもが、どんぐりやきれいな色の落ち葉を拾ってきました。さっそく手を動かして、ちょっとした美しいものが作れたら、どんなにか楽しいことでしょう！ そんな知恵やアイデアがいっぱいのこの本で、豊かな時間をお過ごしください。

えみさんのファンのひとり
（作曲家・オイリュトミスト）

○材料の買えるお店

自然のものはお散歩でみつけたり、おうちにあるものを工夫してみてください。子どもだからこそ、ほんものの自然や質の良いものを味わわせてあげてください。そうしたら子どもたちの感覚はより豊かになりますね！
いくつかの材料は、残念ながらまだ日本では身近にはないシュタイナー教育からうまれたものです。すばらしい素材のものばかりで、通信販売でも買うことができますので、ご案内します。

おもちゃ箱
https://www.omochabako-webstore.jp
みつろうクレヨン、みつろう粘土、水彩絵具、平筆、スポンジ、水彩画用紙、トランスパレント、虹色のトランスパレント、羊毛、フェルトニードル、織り機、Y字フォーク、セラミック粘土

ブラザー・ジョルダン社
http://www.brjordan.com
トランスパレント、羊毛、Y字フォーク、フェルトニードル、織り機、麻布
（ホームページに取扱店が載っています。）

アナンダ
http://www.ananda.jp
羊毛、フェルトニードル、織り機など
〔店舗〕山梨本店　山梨県北杜市長坂町白井沢2995
　　　　　　　　TEL 0551-32-4215
　　　　吉祥寺店　東京都武蔵野市吉祥寺南町2-38-7
　　　　　　　　TEL 0422-24-7118

「おもちゃ箱」や「ブラザー・ジョルダン社」の商品が買えるお店

すてきなお店なので、ぜひ足を運んでみてくださいね！

クレヨンハウス東京店
東京都港区北青山 3-8-15
TEL 03-3406-6308

クレヨンハウス大阪店
大阪府吹田市垂水町 3-34-24
TEL 06-6330-8071

シンプリィ・ショップ
静岡県浜松市中区佐鳴台 5-23-15
尾浦ビル 1F
TEL 053-445-3260

DEPOT
徳島県徳島市沖浜町南開 330-1
TEL 088-656-0636

百町森
静岡県静岡市葵区鷹匠 1-14-12
ウインドリッヂ鷹匠 1F
TEL 054-251-8700

福岡おもちゃ箱
福岡県福岡市南区桧原 1 丁目 18-1
TEL 092-552-2039

MOMO
群馬県高崎市下小鳥町 463-1
TEL 027-362-3508

みつろうクレヨン

みつろう粘土

トランスパレント

としくら えみ

東洋英和女学院短期大学・保育科卒業後、幼稚園勤務。その後ドイツのシュタイナー幼稚園にて研修し、ゲーテアヌム絵画学校にてシュタイナーの色彩理論に基づく水彩画を、マルガレーテ・ハウシュカシューレにて芸術療法を学ぶ。全国各地でシュタイナー教育に基づく手仕事と絵と書道を教えている。ぬらし絵と手仕事のクラス「キンダーライム」と書道クラス「深栗」を主宰。著書に『魂の幼児教育〜私の体験したシュタイナー幼稚園』『子ども・絵・色〜シュタイナー幼児教育の中から』『ちいさな子のいる場所〜妊娠・出産・わたしの家のシュタイナー教育』(イザラ書房)、『キンダーライムなひととき』(クレヨンハウス)、『迦夜と迦羅の物語 少年とふたりの飛天』(共著、宇佐美陽一・文、風濤社)、『ちいさな天使のものがたり』(共著、かわかみせいじ・文、満行勝・監修、東洋館出版社)。

〈写真協力〉
茂木しづ子(MOMO)
山本真樹(シンプリィ・ショップ)

手しごといっぱい!

2018年3月1日初版第1刷発行
2022年3月31日　　第2刷発行

著者　としくら えみ
発行者　高橋 栄
発行所　風濤社
　　　　〒113-0033 東京都文京区本郷4-12-16-205
　　　　Tel.03-5577-3684　Fax.03-5577-3685
デザイン　宇佐見牧子
印刷・製本　中央精版印刷

©2018, Emi Toshikura
printed in Japan
ISBN978-4-89219-443-6